Arte y cultura

El British Museum

Clasificar, ordenar y dibujar figuras

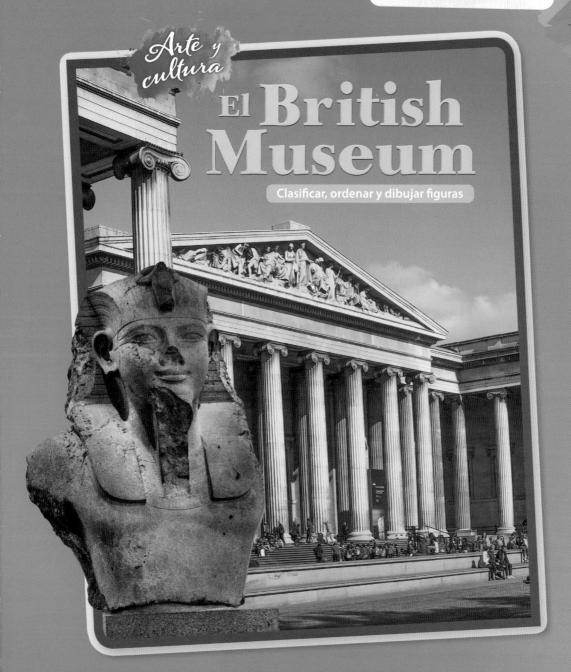

Monika Davies

Asesora

Lorrie McConnell, M.A.
Especialista de capacitación profesional TK–12
Moreno Valley USD, CA

Créditos de publicación

Rachelle Cracchiolo, M.S.Ed., *Editora comercial*
Conni Medina, M.A.Ed., *Gerente editorial*
Dona Herweck Rice, *Realizadora de la serie*
Emily R. Smith, M.A.Ed., *Realizadora de la serie*
Diana Kenney, M.A.Ed., NBCT, *Directora de contenido*
June Kikuchi, *Directora de contenido*
Caroline Gasca, M.S.Ed., *Editora superior*
Stacy Monsman, M.A., *Editora*
Michelle Jovin, M.A., *Editora asociada*
Sam Morales, M.A., *Editor asociado*
Fabiola Sepúlveda, *Diseñadora gráfica*
Jill Malcolm, *Diseñadora gráfica básica*

Créditos de imágenes: contraportada Sean Clarkson/Alamy; págs.2–3 Songquan Deng/Shutterstock; pág.4 (izquierda) Natalya Okorokova/Shutterstock; pág.4 (inferior), 17 Ileana B.T./Shutterstock; págs.10–11 Hoberman Collection/Alamy; pág.11 (superior) ChameleonsEye/Shutterstock; págs.12–13 Peter Barritt/Alamy; pág.13 (superior) Johnny Green/PA Images/Alamy; pág.16 PjrTravel/Alamy; págs.18, 21, 25 cortesía del British Museum; pág.19 Nick Cunard/Zuma Press/Newscom; pág.20 Chronicle/Alamy; pág.27 Rocco Fasano/Getty Images; todas las demás imágenes de iStock y/o Shutterstock.

Library of Congress Cataloging-in-Publication Data

Names: Davies, Monika, author.
Title: Arte y cultura. El British Museum : clasificar, ordenar y dibujar
    formas / Monika Davies.
Other titles: Art and culture. British Museum Spanish
Description: Huntington Beach : Teacher Created Materials, 2018. | Audience:
    Age 8. | Audience: K to Grade 3. |
Identifiers: LCCN 2018007626 (print) | LCCN 2018009376 (ebook) | ISBN
    9781425823368 (ebbok) | ISBN 9781425828745 (pbk.)
Subjects: LCSH: Geometry--Juvenile literature. | British Museum--Juvenile
    literature. | Antiquities--Juvenile literature.
Classification: LCC QA445.5 (ebook) | LCC QA445.5 .D37918 2018 (print) | DDC
    516/.15--dc23
LC record available at https://lccn.loc.gov/2018007626

Teacher Created Materials

5301 Oceanus Drive
Huntington Beach, CA 92649-1030
www.tcmpub.com

ISBN 978-1-4258-2874-5

Contenido

Ver la historia

¡Bienvenidos! Este es el British Museum. Está en Londres, Inglaterra. El museo abrió por primera vez en 1759. ¡Eso es hace más de 250 años!

El museo es uno de los mejores lugares para ver la historia de cerca. Aquí hay muchos objetos. Hermosas pinturas cuelgan de las paredes. Antiguas esculturas se alinean en las pasarelas. ¡Hay tanto para ver! Las personas pasan horas aquí.

El British Museum fue construido para que lo exploren. ¡Las personas pueden cazar figuras! Pueden buscar figuras escondidas en el museo. ¡Los visitantes ven si pueden identificarlas a todas!

El sector de Egipto en el museo tiene muchas estatuas y obras de arte.

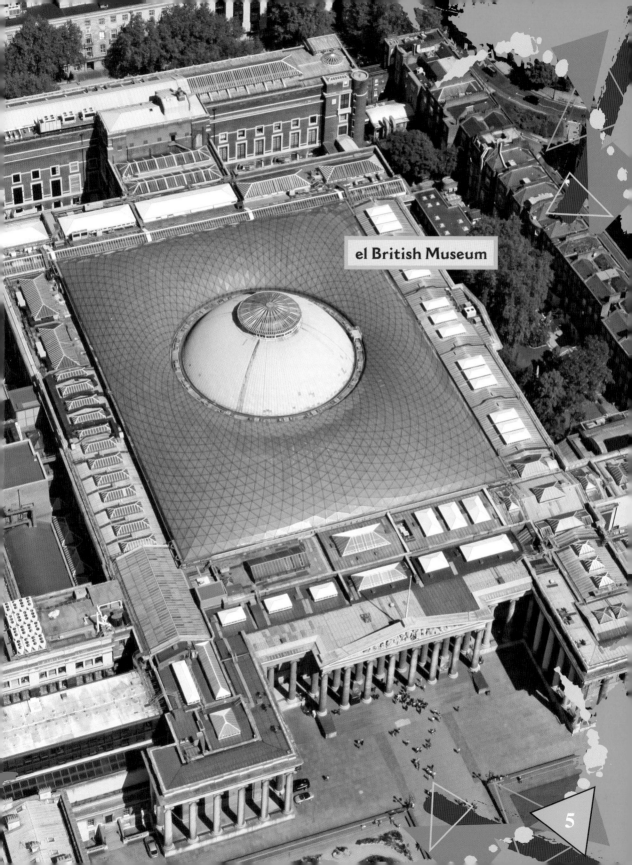

el British Museum

Triángulos

El museo tiene una **gran** entrada. Un enorme patio se extiende en el frente. Grandes columnas griegas se alzan sobre las personas mientras ingresan.

En la cima de la entrada hay un frontón. Los frontones solían estar en las cimas de los templos de Grecia. Eran decorados con hermosas esculturas. Dicen para qué se usa el edificio. El frontón del British Museum muestra a personas aprendiendo. Para eso se usa el museo: ¡para ayudar a las personas a aprender!

¿Ves alguna figura escondida? Mira la figura alrededor del frontón. Cuenta la cantidad de lados y de **ángulos**. Hay tres lados. Y hay tres ángulos. ¡La primera figura escondida es un triángulo!

frontón

entrada al British Museum

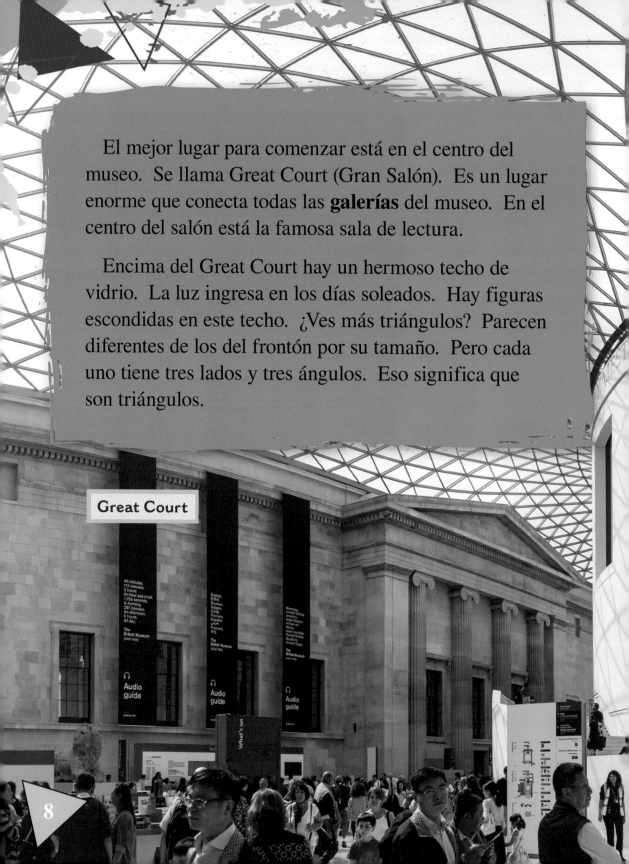

El mejor lugar para comenzar está en el centro del museo. Se llama Great Court (Gran Salón). Es un lugar enorme que conecta todas las **galerías** del museo. En el centro del salón está la famosa sala de lectura.

Encima del Great Court hay un hermoso techo de vidrio. La luz ingresa en los días soleados. Hay figuras escondidas en este techo. ¿Ves más triángulos? Parecen diferentes de los del frontón por su tamaño. Pero cada uno tiene tres lados y tres ángulos. Eso significa que son triángulos.

Great Court

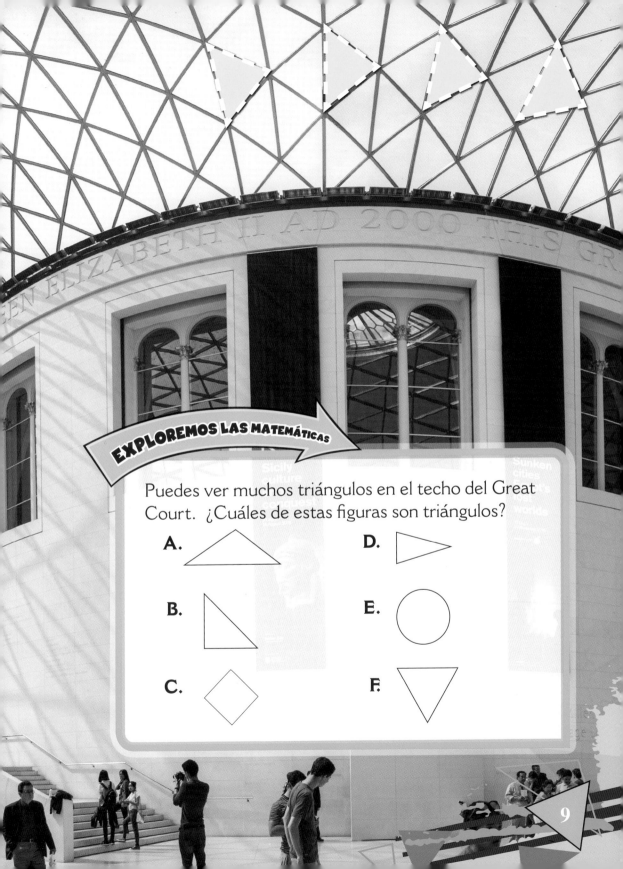

Puedes ver muchos triángulos en el techo del Great Court. ¿Cuáles de estas figuras son triángulos?

A.

B.

C.

D.

E.

F.

9

Cuadriláteros

Es hora de adentrarse más en el museo en busca de cuadriláteros. Estas figuras tienen cuatro lados y cuatro ángulos. Los ves todos los días. Una hoja de papel es un cuadrilátero. También las tapas de los libros.

Los cuadriláteros también reciben otros nombres. Algunos son cuadrados. Algunos son rectángulos. Mira a tu alrededor. ¿Ves estas figuras?

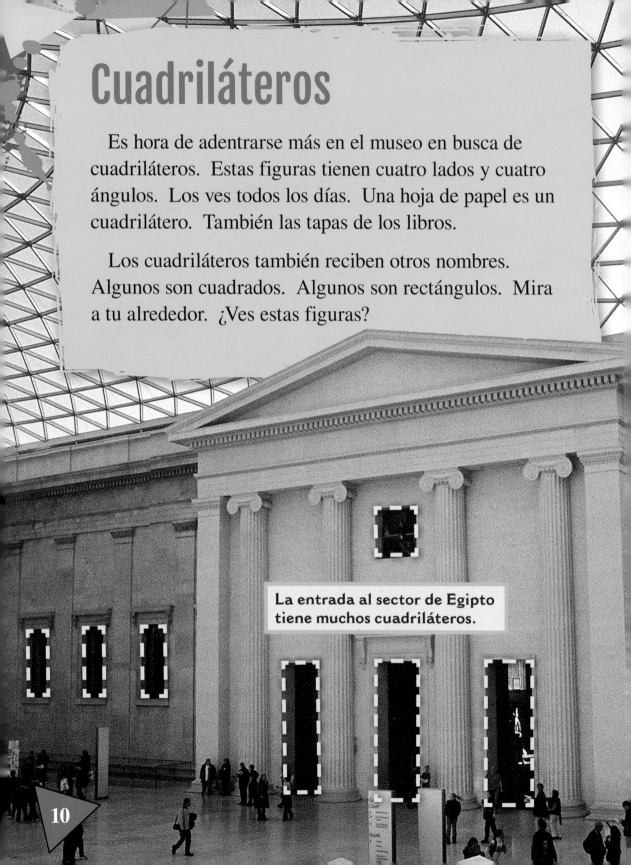

La entrada al sector de Egipto tiene muchos cuadriláteros.

Los ladrillos de este monumento forman cuadriláteros.

El juego real de Ur

Sube las escaleras para ver uno de los juegos de mesa más antiguos del mundo. El juego real de Ur tiene alrededor de cinco mil años. Es uno de los elementos **destacados** del museo. Para ganar el juego, debes hacer que tu pieza llegue al otro lado del tablero.

¿Ves las figuras en el juego de mesa? Tienen cuatro lados y cuatro ángulos. Eso los convierte en cuadriláteros. Todos los lados tienen la misma longitud, lo que significa que estas figuras son cuadrados.

el juego real de Ur

Estudiantes en una excursión juegan al juego real de Ur en una versión en tamaño natural.

Dinero del museo

El British Museum tiene algunas exhibiciones limitadas. Eso significa que las personas pueden verlas solo durante algunos meses. A menudo se centran en cosas provenientes de todo el mundo.

Una vez se exhibieron sobres rojos llamados *hongbao*. Son una **costumbre** del Año Nuevo chino. El que los entrega pone dinero adentro. Son una manera de compartir bendiciones. Los hongbao siempre son rojos. El rojo es un color de la suerte para la **cultura** china.

¿Puedes espiar el cuadrilátero? Esta figura tiene cuatro lados y cuatro ángulos. Un par de lados es más largo que el otro par. Esta figura es un rectángulo.

Se entregan hongbao como regalo.

hongbao

15

Arte romano

¿Alguna vez has querido volver en el tiempo? ¡El British Museum puede ayudarte! Aquí, puedes volver a la **antigua** Roma. El museo tiene una enorme galería para este período. Puedes ver estatuas de hace miles de años. También puedes ver **mosaicos** romanos, que están hechos de azulejos.

Los azulejos tienen tres cuadriláteros. Cada uno tiene cuatro lados y cuatro ángulos. Como los hongbao, la figura externa también es un rectángulo.

mosaico romano

Esta estatua romana se ubica frente al Great Court.

broche de Kent

Broches hermosos

¡También puedes buscar tesoros en el museo! Hay miles de piezas de joyería de todo el mundo. Algunas se llaman broches. Los broches son prendedores que se usan en la ropa. Los del museo tienen más de 1,500 años.

¿Ves las figuras escondidas en las piedras rojas del prendedor? Se llaman trapecios. Los trapecios tienen cuatro lados y cuatro ángulos. También tienen un par de lados **paralelos**. ¡Pero estas figuras tienen una apariencia única!

Hay muchos cuadriláteros en el British Museum.
¿Estas figuras son cuadrados, rectángulos o trapecios?

1.

4.

2.

5.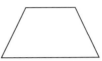

3.

6. ¿Qué características tienen en común todos los cuadriláteros?

Los visitantes del museo miran los broches de Kent y otras piezas.

Pentágonos y hexágonos

Es momento de descubrir figuras con más de tres o cuatro lados. ¡Síguenos mientras continuamos nuestra visita por el museo!

El pentágono de Peruzzi

El British Museum mantiene algunas cosas guardadas. Una de esas cosas es un dibujo de Baldassare Peruzzi. Una mujer está parada en el centro del dibujo. Lleva un vestido elegante. Dos hombres la miran desde los costados. La mujer mira hacia delante. ¿Qué crees que está pensando?

Una figura encuadra la obra de arte. ¡Es un pentágono! Un pentágono tiene cinco lados y cinco ángulos.

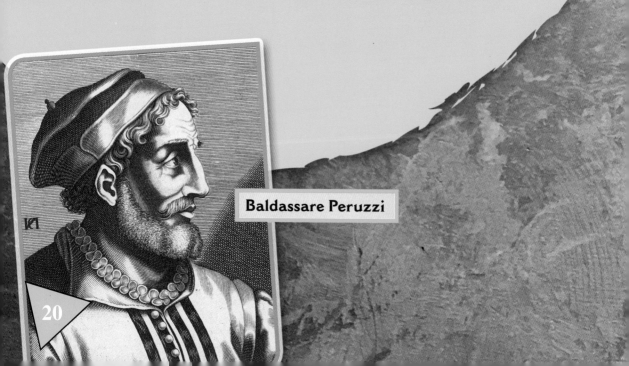

Baldassare Peruzzi

20

el dibujo de Peruzzi
Una mujer y dos hombres

Este templo se construyó en Tailandia durante el siglo XIX.

Fichas de Tailandia

También hay almacenadas fichas de Tailandia. En los últimos años del siglo XIX, no había suficiente plata para hacer monedas. Así que se usaban estas fichas. También se usaban en juegos. O se podían cambiar por dinero. El diseño de la ficha cambiaba a menudo. Esto era para evitar que las personas hicieran fichas falsas.

En lugar de cinco lados y cinco ángulos, esta figura tiene seis lados y seis ángulos. Es un hexágono. Los trabajadores del museo a veces sacan estas fichas para eventos especiales.

Todas las fichas de Tailandia se ven similares. Pero no todos los hexágonos son iguales.

1. Dibuja dos hexágonos diferentes. ¿Qué tienen en común los dos hexágonos? ¿En qué se diferencian?

2. ¿Cómo puedes demostrar que los hexágonos que dibujaste no son pentágonos?

ficha de Tailandia

Cubos

Hasta ahora, muchos de los objetos del museo han sido figuras planas del mundo bidimensional (2D). Ahora observa una figura tridimensional (3D): ¡el cubo!

Relojes solares

Los relojes solares ayudan a las personas a saber la hora usando el sol. Fueron los primeros relojes del mundo. El British Museum tiene muchos relojes solares. Uno proviene de Alemania. Parece que tuviera "alas". Las alas se llaman gnómones. Cuando la luz toca uno de los gnómones, produce una sombra que señala la hora.

La figura principal del reloj solar alemán es un cubo. Es un objeto 3D. Un cubo está hecho de seis **caras iguales**. Cada cara es un cuadrado.

El reloj solar tiene forma de cubo. Hay figuras bidimensionales dibujadas en este. Clasifica las siguientes figuras según sean 2D o 3D.

1.

4.

2.

5.

3.

6.

reloj solar alemán

25

Dar forma al pasado

Los museos mantienen viva la historia. El British Museum permite que las personas den un vistazo al pasado. Las ayuda a aprender más sobre el mundo. ¡El museo también es el lugar perfecto para buscar figuras! Cuando comienzas a buscar, puedes encontrar figuras por todos lados. ¡Ellas construyen todo el mundo!

Ahora es tu turno. Visita algún museo cercano. O simplemente mira por tu ciudad. Mira qué figuras puedes encontrar. ¡Quién sabe qué partes de la historia descubrirás!

Esta pieza de museo tiene más de tres mil años de antigüedad.

¿Qué figuras crean las bases de estas esculturas griegas antiguas?

Resolución de problemas

Imagina que algunos estudiantes van de excursión a un museo cercano. Mientras están allí, harán una cacería de figuras. El personal del museo quiere crear una guía para ayudarlos a recordar las figuras bidimensionales que encuentran. Escribe o dibuja la información que falta en la guía. Luego, responde las preguntas.

Guía de cacería de figuras

Nombre de la figura	Cantidad de lados	Cantidad de ángulos	Ejemplo
	3	3	
Cuadrado			
			▭
Trapecio			
	5	5	
			⬡

1. ¿Cuáles de las figuras son cuadriláteros? ¿Por qué?

2. ¿Qué figura bidimensional forma las caras de un cubo?

Glosario

ángulos: espacios formados entre dos líneas o superficies que se encuentran

antigua: muy vieja

caras: superficies planas de una figura sólida

costumbre: comportamiento o acción que es normal para un grupo de personas

cultura: las creencias y las costumbres de un grupo de personas

destacados: que son muy interesantes, emocionantes o importantes

galerías: salas que exhiben pinturas, esculturas u otras obras de arte

gran: impresionante

iguales: que tienen el mismo número, cantidad o tamaño

mosaicos: piedras decorativas que forman patrones

paralelos: se usa para describir dos líneas que tienen la misma distancia de separación en toda la longitud y nunca se tocan

Índice

Soluciones

Exploremos las matemáticas

página 9:

A, B, D y F

página 19:

1. cuadrado
2. rectángulo
3. rectángulo
4. trapecio
5. trapecio
6. Todos los cuadriláteros tienen cuatro lados y cuatro ángulos.

página 23:

1. Los dibujos variarán, pero deben ser dibujos 2D con 6 lados. Las respuestas variarán, pero pueden incluir que son todas iguales porque todas son figuras bidimensionales con 6 lados rectos y 6 ángulos. Se diferencian en que algunos tienen lados iguales y paralelos y otros no.
2. Los hexágonos tienen 6 lados y 6 ángulos, mientras que los pentágonos tienen 5 lados y 5 ángulos.

página 25:

1. 3D
2. 2D
3. 2D
4. 3D
5. 2D
6. 2D

Resolución de problemas

Triángulo; los dibujos variarán

Cuadrado; 4; 4; los dibujos variarán

Rectángulo; 4; 4

Trapecio; 4; 4; los dibujos variarán

Pentágono; los dibujos variarán

Hexágono; 6; 6

1. cuadrado, rectángulo y trapecio; son cuadriláteros porque son figuras bidimensionales cerradas con cuatro lados rectos y cuatro ángulos.
2. cuadrado